DE
LA FRANCE

DANS

LES CIRCONSTANCES PRÉSENTES.

IMPRIMERIE DE POUSSIELGUE,

DE
LA FRANCE

DANS

LES CIRCONSTANCES PRÉSENTES,

A L'OCCASION DE L'APPEL FAIT PAR LA GAZETTE
A TOUS LES CITOYENS.

Prix, un Franc.

PARIS,

POTEY, LIBRAIRE, RUE DU BAC, N. 46;

DENTU, LIBRAIRE, PALAIS - ROYAL;

RUSAND, LIBRAIRE, RUE DU POT-DE-FER ST.-SULPICE, N° 8.

1832.

AVANT-PROPOS.

L'écrit que nous présentons au public nous fut inspiré par le désir de répondre à l'appel qu'a fait un journal de la capitale à tous les citoyens sur sa profession de foi politique. Nous nous proposâmes dès-lors d'y manifester notre adhésion, sous la condition d'explications et de développemens que nous jugeâmes nécessaires. Il nous a toujours paru qu'il y avait dans cette déclaration de principes des points capitaux à saisir qui décidaient la question. Quoi qu'il en soit de la manière dont nous avions cru devoir la traiter à notre tour, la publication de notre essai, après avoir été suspendue, puis intempestivement et contre notre gré annoncée, a lieu aujourd'hui que nous avons pu retoucher une trop rapide esquisse.

A un écrit de cette mesure une preface serait superflue , et l'avant - propos dont nous le faisons précéder est déjà bien assez long.

Quel aura été l'effet de notre voix, au moins en idée, sinon en espérance? Un son qui puisse éveiller un moment la pensée d'autrui sur certaines vérités et doive bientôt se dissiper , heureux si ce n'est pas sans écho !

DE
LA FRANCE

DANS

LES CIRCONSTANCES PRÉSENTES.

Une révolution a eu lieu pour un grand ^{Propos à remplir.} royaume, qui a remis en question tout ce qu'une longue période de siècles semblait y avoir à jamais consacré en matière de lois politiques. Depuis quarante ans les nouvelles constitutions de cette ancienne monarchie se comptent, pour ainsi dire, par les lustres de son existence. Un tel fait appelle déjà de sérieuses réflexions.

Encore si le dernier état de ce peuple était de nature à contenter les esprits du plus grand nombre, à se concilier une majorité de suffrages, comme il en faut, pour en imposer à ceux qu'on gouverne. Mais non, les opinions n'ont jamais été plus divisées.

On avait collectivement comme individuellement dressé pour une charte les plus belles professions de foi. On avait fait une révolution pour maintenir son inviolabilité et donné une seconde fois à l'Europe le triste spectacle d'un

1*

peuple détrônant son roi , et expulsant ses princes du sol de la patrie. Eh bien, qu'on y fasse attention : les plus violens contradicteurs de cette charte , même après la nouvelle édition qu'on en aura faite , se trouvent évidemment dans les rangs de ceux qui naguère se constituaient ses défenseurs. Contre qui s'armaient-ils alors ? Ils le savaient bien ; contre un pouvoir qui prétendait interpréter, mais non violer son ouvrage.

Où nous arrêterons-nous dans cette voie de fluctuations et d'inconséquences ? où trouverons-nous , après le désert que nous nous sommes fait , cette terre de liberté , de paix , de bonheur social que nous nous étions promise ? Vainement à chaque halte que nous marquons en notre pénible marche , ceux qui se placent à notre tête nous crient-ils qu'il *fait bon là où ils sont, qu'il faut y faire trois tentes.* Ces stations de notre pèlerinage sont de bien courte durée. Chaque jour qui commence voit s'effacer sur le sable mouvant que nous foulons les traces du passage de la veille.

En de telles circonstances, sur la gravité desquelles on peut s'étourdir, mais non se rassurer, un journal célèbre, usant d'un droit naturel et légal, a recherché savamment et persévéramment ce qui pouvait sauver l'Etat et nous tirer d'une incertitude désespérante. Pour obvier et couper court à toutes fausses inductions, à toutes interprétations qu'il lui eût fallu désavouer , cette feuille vraiment digne du nom qu'elle porte, a déduit ses principes dans une déclaration claire et catégorique. C'était *poser un signe auquel* on devait s'attendre qu'*on contredirait* de plus d'une part. Mais pouvait-on croire qu'on y trouvât provocation à la révolte contre une autorité établie après tant de professions si expresses des doctrines de ce journal sur ce point délicat? On a consacré, passé en loi la liberté des opinions. En conséquence un parti peut effrontément, dans le sein d'un État qui se dit monarchique, arborer le républicanisme le moins équivoque. Et l'on interdit a des écrivains amis de l'ordre et de la paix le droit de proposer, dans le principe qui leur est commun avec celui du gouvernement actuel, ce qui leur paraît plus juste et plus utile? Pourquoi donc parler tant de liberté, de progrès? Au fond on aura fait un étrange abus d'un droit qu'on a cependant bien reproché aux siècles passés, du droit du plus fort. Il serait de l'équité du pouvoir et des lumières de la magistrature de mieux diriger l'institution du jury, et de borner la répression à ce qui porterait un caractère direct d'attaque et de révolte. Il est évident qu'à presser dans la lettre les termes de la loi qu'on applique, on y trouvera toujours le droit de condamner tout écrivain généreux qu'on voudra.

Quoi qu'il en soit d'un fait qui ne change rien à l'état de la question, la *Gazette* aura ramené la controverse politique à ses vrais termes, elle l'aura posée comme elle eût dû être dès le moment qu'on commença à s'occuper de la restauration de l'ordre social en France. Elle aura reporté l'attention publique vers des considérations nouvelles, en ce sens qu'on paraissait s'être accoutumé à les perdre de vue. Elle aura la première cherché à rappeler la France à elle-même, à ce *mos majorum* qui fut le véritable palladium de Rome, qui a été et qui est encore celui de la Chine contre les siècles et contre les Tartares : ils ont pu la vaincre, la conquérir, mais non la changer.

C'est sous ce rapport, qui nous semble capital, que nous nous proposons d'envisager la question. Il faut enfin savoir revenir courageusement sur ses pas, se demander s'il est bien possible qu'une nation de tant de siècles d'existence change, ainsi que nous prétendons le faire, de système politique. Serait-il donné à l'homme de se jouer d'une telle sorte de l'œuvre de la nature ? A quelle marque pense-t-on que nous reconnaîtrons le droit de mission et de réformation qu'on s'est attribué vis-à-vis les lois de nos pères ? Pour nous persuader contre la raison des siècles il faudrait, on en conviendra, des miracles ; et certes si on en a fait ce ne sont pas pour nous des prodiges de bonheur et de prospérité.

Que la France commence par mettre au moins un moment de côté le bandeau de tous préjugés révolutionnaires. Elle se connaît, se sent vivement, douloureusement en son état actuel. Qu'elle se voie, se considère par op-

position en celui dont on l'a fait déchoir;
qu'elle s'étudie dans les caractères qui la dis-
tinguaient, dans les lois naturelles de son ancien ordre de société. Ce serait, on l'avouera,
un bien intolérable et bien honteux absolu-
tisme que celui qui imposerait à une nation un
système plutôt qu'un autre, dans la confusion
de doctrines où l'on se trouve évidemment jeté.
Il est clair que la France a perdu sa voie et
qu'elle la cherche.

S'il est du devoir de tout homme sensé de
respecter tout pouvoir qui se trouve par le fait
seul capable de maintenir une mesure d'ordre
dont la société ne peut se passer, il n'est pas
moins de l'intérêt de la patrie qui oblige tout
le monde, depuis le roi jusqu'au dernier de ses
sujets, qu'on puisse librement, dans des momens aussi critiques, proposer ce que chacun
avisera de plus salutaire. Que la conscience
publique soit donc notre arbitre et notre juge;
que les passions qui nous aveuglent et nous
troublent puissent enfin s'amortir, et que la vérité se fasse jour.

Le vœu de notre France, à le bien comprendre, son cri unanime est paix au dedans
et force au dehors. L'Europe a besoin de nous,
l'Europe nous attend. Cessons de consumer sur
nous-mêmes un feu qui trouverait plus heu-
reusement ailleurs son aliment et sa gloire.

Pour notre propre et faible part nous répon-
drons à un appel que nous regardons comme
opportun. Au lieu de prendre en détail les di-

vers points du manifeste publié par la *Gazette* contre des doctrines ennemies de notre honneur national, nous esquisserons à notre tour quelques considérations sur la manière dont nous entendons la France. Notre prétention est bien moins d'instruire par nous-mêmes que de donner lieu à ce que d'autres le fassent qui en seraient plus capables.

Il est certains rapports sous lesquels il nous a paru qu'on n'avait pas assez positivement envisagé la question présente. Quoi qu'il en soit de notre propos et de la manière dont nous l'aurons rempli, nous dirons avec un poète ancien :

Si quid novisti rectius istis
Candidus imperti : si non , his utere mecum.

Mais il est des vérités auxquelles nous aurons dû nous croire justement ramenés, qui *se justifient par elles-mêmes*, et du moment desquelles on pourrait seulement disputer. Pour celles-là nous n'avons de grâce à demander à personne. Rien, jusque dans l'expression, dans la forme sous lesquelles nous pourrons les montrer, ne sera de nous.

De la nature propre du gouvernement de la France.

Nous sommes destinés, comme peuple, comme corps social, à vivre ou à mourir non pour nous, mais pour les autres. C'est l'axiome connu, *nemo sibi vivit aut moritur.* Quoi que nous fassions, en spectacle à l'univers, nous servirons d'exemple en bien ou en mal aux nations qui nous environnent, et nous serons pour elles, selon la voie que nous tiendrons, le signal d'une marche progressive ou rétrograde dans l'ordre de la civilisation.

L'homme, sous quelque aspect qu'on le considère, est un être essentiellement social. L'Écriture, dans un langage plus touchant, a exprimé cette vérité par des mots qu'on peut rendre ainsi : *Celui qui rompt le lien de la société est dans les ténèbres, les ténèbres l'ont aveuglé.* L'homme, à le prendre seul, à part des autres, serait inexplicable.

La France a été constituée de la main de l'auteur de toutes choses pour marcher, en un temps donné, en tête de la société. La France a dû continuer pour *des peuples qui la veulent,* sous une forme et une couleur nouvelles, la magistrature de Rome, du dernier des quatre empires.

Placée au centre de l'Europe, de même que l'Europe l'est au centre du monde, elle est un état monarchique par essence, parce qu'elle est, comme point capital d'action et de mouvement, perpétuellement militante. Elle a dû combattre en elle-même jusqu'à ce qu'elle eût atteint son complément intrinsèque, sa perfection individuelle. Aujourd'hui sa destinée est de combattre pour amener l'Europe et par l'Europe, s'il était possible, l'univers au point d'unité où elle est parvenue pour elle comme nation particulière. Nous disons l'œuvre de Dieu, le vœu de la nature telle qu'elle est sortie de ses mains. Chacun sent assez quelle peut être l'œuvre de l'homme; chacun voit où peut aller l'individu contre la société.

Que la France se juge donc et s'apprécie d'après ses rapports nécessaires avec les autres peuples; qu'elle voie ce que le monde pourrait sans elle. Ce sera déjà commencer à apprendre ce qu'elle pourrait elle-même sans un chef.

La lumière que la France répand est douce comme celle du soleil qui l'éclaire. Tout en elle est tempéré; c'est son caractère propre. La raison publique pour elle a cru et s'est fortifiée de tout le calme de ses passions morales et politiques. L'autorité parmi nous n'a jamais eu besoin de ces formes tranchantes et absolues que comportent ailleurs des humeurs plus violentes et des cœurs plus durs. La patrie pour les Français, heureuse mère, a pu dès le commencement appeler de nombreux enfans prompts à croître en raison à la participation d'une commune liberté.

Mais nos mœurs primitives, à les étudier dans la partie forte et dominante de notre sang national, avaient été trouvées dignes du pinceau de Tacite. Ecoutons-le lui-même.

Chez les Germains, nous dit-il, *les rois n'ont pas une autorité absolue et illimitée... Sur les affaires d'une médiocre importance les principaux de la nation délibèrent; sur les plus graves, la nation tout entière elle-même* (1).

____

(1) *Regibus nec libera nec infinita potestas.... De minoribus rebus principes consultant; de majoribus, omnes.*

C'est ainsi que, laissée à son action bienfaisante, la nature chez nous devait offrir pour le gouvernement des hommes en société l'exemple d'une juste proportion entre le but à atteindre et les moyens qui y mènent. On retrouvera quand on le voudra l'application constante du double principe que nous venons de signaler dans toute la suite de notre longue histoire.

Ces *principaux* que le peintre des mœurs des Germains nous représente comme traitant des *affaires ordinaires* se retracent évidemment dans nos cours des pairs, dans nos parlemens, quelquefois sous un rapport dérivé de circonstances particulières dans nos assemblées de notables.

Cette *généralité*, cet *omnes*, dernier trait d'une grande image en un cadre étroit, c'est incontestablement nos états-généraux, majestueux conseils dont le principe n'a jamais manqué à la France.

De cette distinction essentielle entre les deux degrés proportionnels de notre représentation nationale découle par analogie le droit compétent à chaque partie du tout en notre patrie, de connaître des intérêts qui lui seraient propres. Il répugne au bon sens que des points d'un ordre particulier pour nos provinces respectives soient décidés hors du centre et de la sphère des lieux auxquels ils appartiennent. Ces affaires rentrent assurément dans la classe de celles qui étant au-dessous de la dignité de la nation *entière* assemblée, tombent dans le domaine de chaque localité, soit comme province, soit comme commune. C'est aux *principaux* de la nation déterminés et marqués à un titre quelconque à se les partager pour en décharger les corps préposés à la garde des intérêts généraux.

Là le droit se trouvera encore confirmé par le fait, consacré par l'usage quand on en recherchera la trace au-delà des derniers temps de notre ancien régime, qui n'offrait plus, à bien dire, qu'une altération progressive de nos vrais principes.

Depuis l'instant où nous commençâmes à respirer du joug de l'arbitraire, le plus dur qui eût jamais pesé sur nous, la question de nos franchises communales et provinciales a eu d'habiles interprètes, et nos droits sous ce rapport de constans défenseurs. Ce qu'elle offre de vrai a été mis dans le plus grand jour. Mais le pouvoir malheureusement s'est cru intéressé dans une cause qui n'est en réalité que celle du principe révolutionnaire, ayant à maintenir ses nivellemens aussi profondément que pernicieusement conçus.

La France est donc de sa nature, dans les diverses parties de la chose publique, une monarchie tempérée. C'est là son état ordinaire, son état de santé, de paix.

De l'étendue du pouvoir relativement à la société particulière en France.

Mais la France, comme tout ce qui est de l'humanité, aura eu ses crises, ses momens d'épreuve, ses temps de passage, d'enfantement politique. Liée comme elle l'est au système général de notre Europe, elle n'aura pu s'affranchir des lois du mouvement particulier qui aurait marqué chaque période de la société moderne.

Ce serait une grande erreur que de prétendre diviser la cause des peuples de celle des rois. La raison repousse une distinction qui n'a de fondement que dans un principe d'orgueil qu'on rougirait d'avouer.

Aussi notre gouvernement, plus ou moins aristocratique ou démocratique en ses formes, suivant la gravité des circonstances, a toujours passé quand il l'a fallu à la rigueur du principe monarchique. C'est un hommage que notre raison jusqu'à ces derniers temps avait constamment rendu à cette loi mystérieuse de sacrifice, qui est le lien nécessaire de l'ordre général.

Ces périodes plus ou moins longues de dictature que nous remarquons dans notre histoire ne s'expliquent que par le besoin que nous avons eu à diverses époques de suspendre nos libertés, et de les remettre temporairement aux mains du chef de l'état. C'était lui donner, lui reconnaître, si on veut, dans le jeu de nos ressorts politiques, le moyen de proportionner la force d'action à celle de résistance.

L'ordre en repos, la paix pour les peuples n'a pas, à proprement parler, besoin de lois. Quand il y a harmonie en un système, équilibre entre ses différentes parties, on n'y touche pas. Mais s'il faut y mettre la main, y rétablir ce qui viendrait à y manquer, c'est alors que se montre à découvert le secret de la chose publique, le lien essentiel de l'unité sociale. Or en France on avait toujours regardé au roi, toujours appelé en lui comme en une seconde Providence.

Qu'il y ait eu, par intervalles, d'une part ou d'une autre, abus de pouvoir ou excès de liberté, c'est ce qui ne fera pas question auprès de quiconque connaît l'homme en général, le Français en particulier, et sait prendre l'humanité comme elle est. Rois et peuples, dans ce conflit d'intérêts opposés qui constituent la société, sous la médiation d'un principe d'ordre supérieur, se doivent foi et support mutuels. On pourra varier et contourner l'expression de cette vérité, sans pouvoir ôter ni ajouter rien à la force d'un précepte qui avait sa racine dans la nature avant que la religion l'eût consacré.

Ainsi nous avions à faire ressortir, à remarquer cet article secret qu'on niera, mais qu'on n'effacera pas de notre pacte social, en vertu duquel, dès le commencement, par un réciproque consentement entre le prince et le peuple, l'un a pu tout pour l'autre quand l'honneur et le salut commun en ont dépendu.

C'était de cette manière qu'en agissait pour l'intérêt de sa vaine gloire la fière Rome. Elle n'hésitait pas à appeler l'institution de la dictature dans les périls de l'état au secours de son sénat trop faible. Quand elle fut menacée de se perdre par le luxe et par la dissolution des mœurs, après avoir conquis le monde, elle

anima, elle fit homme cette ombre de royauté
qu'elle avait portée sur son peuple en lui-même ;
elle invoqua à l'appui de sa vertu républi-
caine expirante l'honneur monarchique ; elle
sauva le nom de Rome dans celui de César.

L'homme dans sa simplicité native com- De la légitimité.
mence par embrasser ce qui est juste et salutaire. Il en fait la règle de ses mœurs. Bientôt
il l'écrira, et ce sera sa loi.

Ainsi nos pères ayant voulu que l'autorité
fût non seulement à un seul, mais encore à une
seule famille dans un ordre certain et inva-
riable, ce principe est devenu loi ou autrement
légitimité par excellence. C'était au moins
dans l'inévitable variation des choses humaines
une chance de plus pour la paix et la fortune de
l'Etat.

Mais cette loi d'ordre et de stabilité ne
devait recevoir que du temps seul l'em-
preinte de sa dernière consécration. La raison publique a eu pour nous comme pour
tout autre peuple ses âges et ses époques.
On sait ce que nous étions dans l'origine ou
plutôt ce qu'était le monde en général aux
temps de son émancipation de la loi de servitude du paganisme. L'empire de la force, à
proprement parler, régnait seul et constituait
trop souvent par le fait le droit de toute puissance.

Il importerait sans doute de montrer quelle
fut la marche de la Providence qui nous gouve-
verne dans la succession des trois dynasties

royales de France. Là comme sur d'autres points des doctrines du jour il y aurait des préjugés et des erreurs à dissiper. Mais cette discussion ne serait plus dans la mesure que comporte cet écrit.

Qu'il nous suffise de rappeler que quand notre patrie eut reçu l'accession du dernier peuple qui dût venir de la Scandinavie, quand l'ère et la marche des barbares furent fermées par l'établissement des Normands dans la Néustrie, un ordre politique commença, qui semblait ne plus devoir changer, où l'autorité se soutint par elle-même et n'eut d'autres bases que son droit propre vis-à-vis de ceux qui lui furent soumis.

Telle devait être la part, la destinée des fils de Robert-le-Fort, auteur de notre troisième dynastie. Le règne des rois de France, à partir de cette époque, est devenu plus que jamais, nous le répétons, celui de la pure justice sur des peuples qui les avouent. Leur trône est la conscience, leurs armes sont la raison publique. Si une formule chrétienne intervient sur leur sceau, c'est un hommage qu'on rend à la majesté de celui sans l'ordre ou la permission duquel rien n'arrive.

Voilà la royauté en son dernier état sous les descendans de Hugues-Capet, cet illustre petit-fils du défenseur de la patrie, dont nous avons cité le nom glorieux. Ils n'eurent plus besoin de retenir pardevers eux, comme leurs prédécesseurs eussent dû le faire, sous la prémière race, le commandement immédiat des armées. Tous domaines publics se fondront par degrés dans le leur propre qui aura été le principe de leur élévation. Un jour viendra que quand ils auront tout réuni, ils rendront tout à la nation qui les aura adoptés pour chef, et ne voudront régner que par la seule force, la seule vertu de la loi.

Mais notre raison aura été capable de rendre sacrifice pour sacrifice. Nous aussi à notre tour peuple et sujets (tant que ce nom n'importunera pas un vain et ridicule orgueil), nous ferons abnégation de nous-mêmes, de notre nombre devant la dignité d'un roi en qui nous aurons été instruits à révérer un père. Un froid égoïsme n'aura pas encore desséché nos cœurs. Nous saurons aimer; la confiance est facile à celui qui aime; elle est sûre à celui qui est aimé.

Des siècles s'écouleront sans que le principe de la fidélité de la France envers ses rois légitimes éprouvent désormais d'altération. Il se justifiera pour la patrie, par les plus heureux développemens de gloire et de prospérité. Il s'identifiera avec la propre nature de notre cœur, au point de n'être jamais mis en question si ce n'est au moment où il pourra sembler en opposition avec celui de notre religion sainte.

Dans ce péril au moins apparent des doctrines les plus précieuses pour l'homme, nos pieux et fidèles ancêtres se partageront. Mais Dieu aura vu la droiture de leurs intentions mutuelles. Le fils de S. Louis, le successeur présomptif de Charlemagne et de Clovis résoudra la difficulté par un retour authentique à la foi de ses pères.

Ainsi sera terminée la première grande question politique, qui jusqu'alors eût divisé la France. Le principe conservateur de l'ordre social en restera plus assuré et plus sacré que jamais. Une ère nouvelle de félicité publique s'ouvrira pour ce royaume béni du ciel, qui n'attendait pour refleurir qu'un Bourbon qui fût légitime.

Mais qu'on ne s'y méprenne pas, les doctrines de la France sur ce point capital étaient celles de toute l'Europe. Elles ne souffriront d'exception, à proprement parler, qu'en la seule Angleterre, en ce pays de révolutions et de guerres intestines, où le sang le plus noble a tant de fois coulé à flots, après les combats, sur les échafauds.

Là, sous l'influence d'une religion née au sein de la persécution, non pour elle, mais pour ses adversaires, on a décidé en faveur de la nouvelle foi de la nation, contre la légitimité du souverain, ce qui avait partagé et tenu en suspens la France catholique. La révolution qui a précipité du trône des Stuarts fut pour la masse du peuple anglais une révolution de conscience.

Un Dieu, sous l'empire des lois secrètes duquel un Brennus spoliateur du temple de Delphes, un Erostrate destructeur de celui d'Éphèse, ont été voués à l'exécration du genre humain, devait-il retirer l'action protectrice de sa justice à un peuple qui suivait, n'importe à quelle fin, les mouvemens de sa conscience, vis-à-vis la majesté, telle qu'on la lui avait faite de la toute-puissance. Un catholique sait assez quels vœux il doit former pour l'Angleterre. Mais jusqu'à ce qu'on ait une conscience éclairée, il en faut au moins une qui soit droite. Que Dieu fasse toujours *paix aux hommes de bonne volonté !*

Le principe de la légitimité est de ces véri- tés qui ne craignent pas la discussion. Le con- traire n'entrera d'ordinaire dans l'esprit de l'homme qu'à l'aide de la corruption du cœur ; s'il était possible *de révéler les pensées secrètes de beaucoup* de ceux qui auraient le plus nié ce grand dogme de la société, on aurait à montrer d'étranges contradictions entre la morale des intérêts qu'on se crée et qu'on professe, et celle des doctrines qu'on garde et qu'on étouffe sou-vent au fond de l'âme.

Et puis, s'il fallait atteindre le fond de la question, qu'est-ce véritablement que cette légitimité ? On nous l'a assez répété, sans pa-raître entendre ce qu'on disait : ce n'est autre chose, en substance, que l'expression de ce droit divin, c'est à dire de cet ordre qui vient d'en haut, en vertu duquel il y a pour chaque peuple une autorité certaine. Car enfin, qui dit légitimité, dit justice ; qui dit justice, dit Dieu. Or l'action divine se montre dans le jeu de la plus pure démocratie comme dans celui

Du même prin-cipe en opposi-tion avec ce qu'on appelle souverai-neté du peuple.

2*

(20.)

de la monarchie la plus absolue. C'est au droit seul et non à la forme qu'il convient de regarder. On est avoyer ou landamman à Schwitz ou à Ury, au même titre qu'on était roi en France, c'est à dire *par la grâce de Dieu*. Il y a précisément légitimité dans les deux cas, pas plus ni pas moins dans l'un que dans l'autre.

On ne fait pas, j'espère, aux partisans sincères des doctrines dont il s'agit l'injure de croire qu'ils ont pu supposer au chef de la dynastie qu'ils révèrent le don immédiat d'une onction sacrée, comme il en fut attribué figurativement chez un peuple modèle, à un Saül, à un David. En cette hypothèse même, nous le répétons, la main divine se trouverait également imprimée sur le front du premier paysan des Hautes-Alpes que la voix de ses concitoyens eût placé à la tête de son canton, pour la défense d'une liberté aussi vieille que ses montagnes.

Ce sera une page tristement remarquable dans l'histoire des aberrations de l'esprit humain que tout ce qu'on a écrit depuis plusieurs années sur la légitimité et le droit divin. Il importe sur ces points de bien définir les mots, de bien convenir du sens qu'on y aura attaché.

La raison conçoit et admet qu'un peuple se soulève et se batte pour des droits acquis. Mais qu'il puisse s'en donner, s'en créer à volonté, en tant que peuple, qu'il y ait souveraineté, en un mot, pour le peuple, à part d'une autorité quelconque légitimement établie, c'est ce qui est absurde et incompréhensible. Tout système vraiment logique comporte une cause, un moyen et un effet. Or le peuple dans sa souveraineté, telle qu'on se la figure, est un être moral sans tête, vaine chimère, qui n'a de positif que son inconstance, sous la main de l'ambitieux qui s'en joue, que les larmes et le désespoir. d'un grand nombre, comme fatales suites de son règne.

Dieu ne permet que le génie du mal puisse souffler et persuader aux hommes une telle idée d'eux-mêmes que lorsqu'ils sont destinés à l'expier par de durs châtimens.

Oui, *vous serez des dieux*, si vous désobéissez à votre Créateur, avait-il été dit à nos premiers parens.

Oui, vous serez des rois, vous serez souverain, est-il dit de nos jours au peuple. Vous ferez, (on ne vous trompe pas), vous ferez votre volonté ; mais vous l'aurez faite sous la même condition que le premier homme fit la sienne, en opposition avec le commandement qu'il avait reçu. Vous aurez perdu l'innocence de vos âmes. Votre roi naturel et légitime vous sera devenu odieux. Mais vous ne vous en plairez pas davantage à vos propres yeux, votre bonheur sera fini, et vous serez entré dans une carrière d'infortune, de travail et de douleur.

Il faut en convenir, sur ce point comme sur bien d'autres, c'est une secrète impiété qui pour un trop grand nombre de nos pareils est le principe des doctrines qu'on professe sous des noms plus ou moins spécieux. Puis à l'aide

du sophisme, on fascine les yeux de la multi-
tude ; on l'entraîne dans des voies sans issue et
sans terme.

Plus heureux que nous, parce qu'ils furent plus
dociles et partant plus sages, nos pères prirent
toujours plaisir à se confier dans leurs rois. L'idée
de se révolter contre leur autorité leur était
étrangère. Si nous avons dû jamais la concevoir,
c'est qu'elle nous aura été importée avec des
doctrines nouvelles, qui auront créé pour nous
un cercle vicieux de questions insolubles et de
difficultés inextricables.

De l'unité de pouvoir.

L'amour d'une juste liberté s'était constamment joint dans nos cœurs avec celui d'un
pouvoir modérateur et tutélaire. Notre nom
primitif de Franc est resté synonyme de celui
d'homme libre. Mais nos franchises furent toujours réglées par le sentiment de notre dignité.
Nous avons voulu être grands et forts, et nous
ne pouvions l'être au milieu de l'Europe que
par des rois qui marchassent obéis et respectés
à notre tête.

Quant aux formes à déterminer des institu-
tions qui puissent satisfaire aux besoins réci-
proques des Français, nous les livrons à la sagesse et à la maturité des conseils de qui il
appartiendra, selon les desseins d'une providence que nous ne prétendons pas pénétrer.
Nous n'avons dû traiter que la question du fond
et de l'esprit des lois qui nous convinssent. Il
nous semble que sur bien des points de notre
organisation présente il y aurait inutilité et

conséquemment danger à ébranler des établis-
semens plus ou moins justifiés et consolidés par
l'expérience.

Mais il est dans notre machine sociale un
ressort sur l'emploi duquel nous devons nous
expliquer parce qu'il tient à l'essence même
de notre constitution politique à retrouver et
à fixer.

Nous dirons donc, pour être conséquens avec
nous-mêmes, que nous ne concevons une cham-
bre des pairs que comme pouvoir et commis-
sion en quelque sorte intermédiaire entre le
chef et les états-généraux du royaume. Ce pouvoir a dû et devra toujours se fondre dans l'u-
nité nationale, représentée par voie directe ou
indirecte en nos assemblées générales.

Toutes combinaisons qui admettraient le jeu
simultané de plusieurs pouvoirs, nous semblent
contraires à la loi fondamentale de l'ordre, qui
ne comporte pas division en son principe. Nos
anciens états-généraux pouvaient bien compter
trois ordres ou trois corps pour la délibération,
qui se réduisaient à un, la majorité faisant loi.
Mais ce n'étaient pas trois pouvoirs l'un vis-à-vis
de l'autre ; ce n'était pas dans son ensemble
une puissance rivale au respect de celle du roi.

C'était (que l'esprit du siècle nous passe le
mot), c'était une grande famille présidée par
son chef naturel. Si l'on nous demande quel
pouvait en être le lien, le principe médiateur,
il nous serait impossible d'en assigner, d'en
imaginer même un autre que la conscience ré-

ciproque des membres d'un même corps , l'un par rapport à l'autre. La société est un acte de foi de l'homme vis-à-vis son semblable.

Il y a une force nécessaire de concentration qui perce et se fait jour à travers tous ces rouages multiples qu'un vain esprit de système aura concertés sans prévoir qu'ils deviendront un embarras, alors qu'ils auront cessé d'être pour tout le monde autre chose qu'une déception.

Au fond , cette terre prétendue plus classique qu'une autre de la liberté , cette Angleterre avec ses

> Trois pouvoirs étonnés du nœud qui les rassemble;

est de sa nature propre une aristocratie sous un manteau royal. Elle peut devenir une démocratie; et c'est ce qui est aujourd'hui pour elle si violemment en question. Elle pourrait par contre-coup redevenir ce qu'elle fut par intervalles , une monarchie; mais en aucun temps elle n'aura été cet état où trois pouvoirs auraient existé concurremment et en balance perpétuelle l'un par rapport à l'autre. Cela n'a pu être à proprement parler qu'une fiction qui aura caché à deux prétendus pouvoirs la force réelle et agissante d'un seul.

Il serait facile de démontrer qu'en France il n'y a jamais eu lieu qu'à cette même unité de principe. Le nom seul et la forme en ont varié.

A ne prendre que le cours de nos dernières années, nous y avons passé d'une sanglante et turbulente démocratie à la plus rigoureuse, la plus dure application du pouvoir monarchique. Mais il s'agissait d'échapper au péril de l'anarchie, qui, semblable à l'épée de Damoclès, était suspendue sur nos têtes à la table empoisonnée de notre imaginaire souveraineté comme peuple.

Depuis, lorsque nous dûmes nous croire assez humiliés, assez amoindris dans nos droits et nos franchises de citoyen par cet étranger, cet homme de race italienne dont nous avons voulu faire un Français, nous nous retrouvâmes pour un moment sous le sceptre paternel d'un roi qui pour le coup était bien de notre sang et du plus pur, du plus noble qu'il y eût pour nous. Nous devons être et nous fûmes effectivement en ces jours de passage à la discrétion du régulateur et législateur que l'ordre de la nécessité non moins que celui de la légitimité nous donnait.

Bientôt par la force encore trop vive du principe qui avait commencé notre révolution, induits dans une fausse route, nous tombâmes par degrés des mains de princes indignement jugés en celles de nouveaux tribuns du peuple qui surent pour leur propre et singulier profit entraîner la France en un état tout opposé par le fait à l'état monarchique.

Un homme, un accident, en ce drame périlleux que nous jouons, a pu suspendre un instant le mouvement qui nous entraîne vers une situation violente et contraire à notre nature. Mais il n'eût pas long-temps arrêté un torrent dont il avait lui-même dans l'origine contribué à rompre les digues. Il y aura eu pour l'honneur de son nom , dans l'entreprise qu'il avait formée , opportunité en sa mort , qu'on peut d'ailleurs déplorer , à cause de la loyauté de ses intentions dernières.

Aujourd'hui qu'il n'est plus , il devient clair pour tout le monde que nous n'en serons qu'un peu plus tôt une seconde fois à la merci de cet esprit révolutionnaire qui a pu déjà, en haine du principe aristocratique , réduire une grande partie de ce que la société compte de plus distingué à une complète nullité politique. C'est avoir en réalité transporté dans la classe moyenne une plénitude d'autorité en laquelle il est impossible de ne pas reconnaître le caractère de la démocratie. Que la force soit multiple en ses agens , qu'elle se répartisse sur un grand nombre de têtes , elle n'en est pas une en effet. Cette unité en principe, nous ne pouvons que le répéter , est la loi de la nature et le secret de la société. Elle se trouve dans le mal comme dans le bien.

L'étude du cœur humain pour ceux qui aiment à en pénétrer les mystères jettera comme celle de l'histoire de vives lumières sur la discussion de cette grande vérité , et les maximes qui la consacrent ne manquent à la mémoire de personne.

En l'âge avancé de civilisation où nous sommes parvenus , il nous convient plus que jamais de ne nous en laisser imposer par rien de faux et d'inconséquent dans tout système qu'on nous appliquerait.

Mais il est un rapport trop méconnu de nos *De la paternité du pouvoir.* jours sous lequel il nous importe infiniment de ne pas laisser indécise la question politique. Ce ne serait pas assez d'avoir pu rappeler la France à des idées justes sur la théorie du pouvoir qui lui convient, il faut encore lui apprendre ce qu'elle doit sentir pour lui, autant que ce qu'elle doit en penser. Il est assurément besoin qu'on représente logiquement et pertinemment à la génération actuelle que son pays deviendra le plus faible des états du moment que le lien de l'autorité monarchique manquerait au faisceau de ses provinces, que privé d'action et de dignité, vis-à-vis de voisins inévitablement jaloux, il tomberait bientôt dans le mépris des peuples. Mais il faut de plus qu'on la ramène cette France nouvelle par une discussion consciencieuse de sa situation présente à un sentiment profond de ses devoirs.

Elle n'a plus, elle repousse avec dégoût ce ressort usé de je ne sais quelles idées de liberté qui suppléa pour elle aux premières années de la période révolutionnaire, le vrai patriotisme qu'elle trouvait jadis sous l'aiguillon de l'honneur monarchique. Laissée elle-même à son sens intime et propre, elle confesse tout ce qu'il y a d'illusoire en des théories désormais sans application, sans analogie avec nos mœurs et nos besoins présens.

Mais elle n'est pas moins menacée de les

subir encore par l'entraînement d'un principe qui aura flatté son orgueil et qu'elle aura admis témérairement alors qu'il était doux à des cœurs abusés. Elle goûtera du fruit de ses œuvres, et elle verra quel jeu c'est pour un peuple que celui d'une couronne. Son ivresse passera vite ; la raison lui reviendra. Déjà son langage change. On aura été trop loin. Le but est dépassé : on en convient ; on en est au regret. Mais il n'est plus temps, et cependant le besoin d'un ordre quelconque presse. Or l'élément principal de l'ordre manque. Une désaffection générale entoure ceux qui de gré ou de force portent le fardeau de la chose publique. Les hommes ont appris à ne plus aimer leurs chefs, à ne plus s'aimer entre eux. Voilà la grande plaie de la société.

Pour toutes les générations qui nous avaient précédés dans le chemin de cette vie, un roi, un chef imposé par la loi était un père qu'on ne craignait pas d'aimer. Cette idée de paternité était inséparable de celle de toute autorité légalement établie. Le sénat romain n'était-il pas pour les peuples parmi lesquels il siégeait un corps de *pères conscrits.* Que la paternité soit collective ou qu'elle soit individuelle, elle n'en est pas moins vénérable, pas moins sûre en son effet. Dans l'Ecriture enfin, dans ce type sacré de toute force pour l'expression comme pour la pensée, *toute paternité,* c'est à dire toute puissance, *descend* comme *tout don parfait* de celui qui se dit *le père des lumières.*

Dieu *est charité*, et amour par essence ; et l'homme a *été fait à son image et à sa ressemblance*. Il aura cru, il se sera multiplié sans avoir pu changer de fin et de nature. Les états, les corps politiques ne se conservent ou ne se rétablissent que par l'effet de la vertu qui, nous détachant de nous-mêmes, nous portent à aspirer au bonheur et à la gloire des autres. Les hommes varieront sur le théâtre mobile de la fortune et de la puissance en ce monde ; mais ce qui est vérité et doctrine pure ne perit pas.

Ils ne règnent plus en Ecosse ni en Angleterre ces Stuarts qui, ainsi que nous l'avons remarqué, furent sacrifiés en la personne de Jacques II à l'intérêt si mal entendu de la nouvelle religion de leur pays : mais a-t-on jamais cessé d'y répéter avec admiration le nom de ce Montrose qui, condamné pour leur cause à être mis à mort et coupé en quatre morceaux, souhaitait qu'on eût pu faire de son corps autant de quartiers qu'il y avait de villes en sa patrie, afin de témoigner partout, s'il eût été possible, de sa fidélité envers le sang de ses rois.

Elle s'est éteinte dans l'exil, à Rome, cette race royale si chère à cet illustre Écossais. Elle a pris fin après avoir encore été honorée par le courage d'un de ses derniers rejetons. Mais quel écrivain, sous la dynastie allemande qui lui a succédé dans l'histoire des règnes orageux des Stuarts, aura pu oublier ce colonel Windham qui, recevant chez lui Charles II dans sa fuite de Worchester, le confie à la garde de

sa femme, de sa mére et de quatre domesti-
ques, en leur disant que son père, prêt de
mourir, avait fait approcher de lui tous ses fils
et leur avait recommandé de rester attachés à
la couronne, *dût-elle ne pendre qu'à un buisson.*
Or, de cinq frères qu'ils étaient, lui seul sur-
vivait qui n'eût pas encore scellé de son sang
ce testament de la fidélité d'un père respecté.

Et ces frères Penderell, ces braves villageois
qui se relayaient pour porter de la nourriture
au même prince, dans cette malheureuse période de sa vie, lorsqu'il était caché dans leur
chêne, quel Anglais de nos jours encore y pen-
sera sans attendrissement? Cet arbre qui servit
d'asile à un roi proscrit et fugitif, n'est-il pas
demeuré cher, inviolable, sacré pour la génération suivante, sous le nom du *chêne royal?*

Il y a donc de la part d'un peuple envers
son souverain, dans l'ordre de la pure et
droite nature, un juste rapport d'affection,
en retour de cette vie morale que la société
reçoit de ses chefs et de ses tuteurs légaux.
Effacez, si vous le pouvez, cette vérité de
l'esprit des hommes, éteignez le sentiment qui
en naît, et vous aurez bientôt rendu le devoir
de l'obéissance aussi difficile à faire comprendre
que pénible à remplir.

Le lien naturel de la société se romprait; sa
base croulerait. Il y aurait nécessité de revenir à l'appui emprunté d'une force violente,
comme dans ces siècles ténébreux qui précé-
dèrent le jour de l'Evangile. On vit plus qu'on

ne se l'avoue sur ce qui reste au fond des cœurs des impressions d'une doctrine primitive d'amour et de foi.

Sans doute en un sens moral il y a combat entre tous corps constitués d'une même société. C'est pour cela que le Dieu que nous invoquons se nomme le Dieu des armées. Mais ce qu'on paraîtrait vouloir oublier, c'est que cet état nécessaire de lutte et d'opposition pour les hommes entre eux trouve son correctif dans une loi d'ordre supérieur, dans la charité, telle que le christianisme la professe et en impose le précepte.

La philosophie assurément, à part de la révélation, aperçoit aussi la nécessité du principe de sacrifice appliqué à l'individu au profit de la société. Mais elle s'arrête là ; elle ne voit que l'effet, ne remonte point à la cause, parce qu'il y faudrait reconnaître une autorité suprême d'où émanerait pour *chacun un commandement à remplir à l'égard de son prochain.*

Ce fut là le triomphe de la législation antique de notre patrie, de ce royaume qu'un philosophe du dernier siècle aura déclaré *avoir été fondé par ses évêques.* Tout y fut marqué au coin de ce principe de vie qui s'alimente pour la chose publique du sacrifice des intérêts privés. Nos lois, à lès prendre dans leur esprit, à les considérer en leur effet, ne permirent point aux hommes *de faire chacun ce qu'il voudrait.* Mais elles imposèrent à tous l'obligation *de faire seulement ce que demanderait la raison*

De la divinité, autrement, de la religion dans l'ordre politique.

publique, expression de la volonté du *Seigneur*, c'est à dire du premier et souverain législateur de l'homme.

Mais de tels dévouemens, de telles abnégations de soi-même, passés pour chacun dans la famille comme dans l'Etat en force de loi, furent constamment adoucis, tempérés, consacrés par l'idée du grand et éternel objet auquel on apprenait à immoler sa vie. Le nom de Dieu était partout. Dans toutes transactions privées comme publiques, il intervenait entre le faible et le fort. L'homme n'était jamais abandonné sans consolation ni vis-à-vis de lui-même, ni vis-à-vis de ses semblables.

Le peuple voyait son souverain en commémoration de la charité du Fils de Dieu laver les pieds de douze pauvres et s'humilier authentiquement un jour par an, pour apprendre à le faire dans son cœur tous les jours de sa vie.

Le peuple, dans ses calamités, dans ses plus grandes afflictions, se souvenait des saints protecteurs qu'il avait dans le ciel ; il recourait à leurs châsses bénites, les portait en procession dans ses rues désolées. De ces saints personnages dont le nom ranimait son espérance, l'un avait en son temps, par ses supplications, détourné des murs d'une ville un barbare menaçant ; l'autre avait obtenu du ciel la cessation d'un fléau exterminateur.

Le peuple français aura changé de dynastie, mais jamais de foi. Ses rois, de quelque sang qu'ils sortissent, furent toujours les vengeurs de la chrétienté contre ses ennemis naturels, les protecteurs du saint-siége, les zélateurs prudens de la foi catholique.

Nos rois furent proclamés très chrétiens et fils aînés de l'Eglise après avoir été trouvés dignes de juger leurs pareils et de servir de médiateurs entre des princes voisins et leurs propres peuples.

Nos rois étaient à la tête de la société politique des hommes avant d'avoir obtenu un rang analogue dans la société mystique des chrétiens. Des titres d'honneur tels que ceux que nous avons rappelés furent donc la consécration de la voix et du suffrage des peuples par l'organe du souverain pontife.

Non, on ne séparera pas de l'idée de la France celle de la foi catholique. On doit cette garantie à toutes les misères de l'humanité. On la doit en particulier à ceux de nos compatriotes qui se trouveraient par le malheur des temps aliénés de la commune et primitive croyance. C'est dans l'essence même du principe, que l'Eglise catholique conserve plus pur qu'aucune autre, que nous apprenons à ne point nous *juger ni nous condamner, à attendre, à espérer, à tolérer tout*. Les lois des hommes passent : celle-là ne passera pas; et les maux du schisme et de l'hérésie la trouveront toujours entre eux, et quiconque serait tenté d'y apporter d'autres remèdes que ceux d'une prudente charité.

Vainement retournerait-on dans tous les sens

leš formules de nos droits politiques, l'expression de nos besoins comme corps de nation, il y manquera toujours quelque chose tant que nous n'y serons pas avertis de nos devoirs dans un ordre de vérités qui seul peut servir de sceau et de confirmation à nos lois. C'est là pour nous en particulier que nous apprenons le genre, la mesure et la dignité du rôle qu'il nous appartient de jouer en Europe. Nous n'y pouvons régner que par voie de persuasion et d'exemple. Le propre caractère de notre mission politique nous était donc positivement indiqué par le titre qui marquait notre place dans l'Eglise. L'avoir effacé, c'est avoir consenti à une sorte de dégradation dans les rangs de la société et milice européenne, c'est avoir perdu volontairement les seuls signes d'honneur qu'on pût nous pardonner. Ils ne nous venaient pas d'une présomptueuse arrogance, c'est pourquoi ils n'en attestaient que plus sûrement une supériorité qui n'avait rien d'hostile et de menaçant.

Tout se tient dans la chaîne des idées morales. Il y a lieu d'examiner sérieusement ce qu'il y aurait à gagner ou à perdre pour nous à rompre entièrement en politique la tradition de tout souvenir et de tout rapport religieux. Il importe plus qu'on ne pense peut-être de ne pas se laisser séduire sur ce point par de vaines déclamations.

Résumé des déductions de principes déjà posés. Résumons un moment les traits sous lesquels nous avons entendu figurer la terre qui nous a vu naître et qui nous a marqué de son caractère et de sa ressemblance.

Que la France soit une monarchie ; que les moindres de ses enfans rentrent enfin en participation de ces droits de citoyen dont une révolution, contraire par le fait aux petits et aux faibles, les avait exhérédés. Que tous les Français puissent se dire et être effectivement aussi égaux entre eux que le comporte notre droit public ramené à son véritable esprit. Élire, n'est pas délibérer. L'élection est le propre du plus grand nombre, de même que la délibération appartient au moindre.

Que la dignité royale implique toujours pour son titulaire vis-à-vis de ceux qui lui appartiennent un droit de dictature à exercer librement quand il s'agira de les sauver.

Tout ce que nous tenterions en diminution du principe monarchique, tel qu'il fut consenti par nos pères, serait au détriment de l'honneur national.

Que chacun voie pour sa fortune et légitimité privées une garantie dans la stabilité et légitimité publique. Jamais prince ne s'asseoira sur notre trône, de quelque part qu'il vienne, qui ne soit bientôt obligé de faire enseigner une telle doctrine. On n'édifie, on ne fonde rien que par ce principe, même après qu'on se sera servi de maximes contraires, pour s'ouvrir une voie au pouvoir et renverser des obstacles.

Dieu tient entre ses mains les destins des rois et des races royales. Ses desseins sont inscrutables *Ses conseils* peuvent *n'être pas les nôtres*; mais ce qu'il y a de certain, c'est qu'on devra toujours , vis-à-vis de tout établissement d'ordre et d'autorité publique , professer le dogme de la légitimité.

Dieu seul, nous le disons une seconde fois, sait au profit de quelle race et génération cette doctrine devra servir. Il suffit aux hommes de savoir qu'ils n'en ont pas une autre à suivre, s'ils veulent rester ou rentrer jamais en paix avec eux-mêmes et avec les autres.

Que l'esprit de révolte, que ce prétendu droit d'insurrection, dont un délire inconcevable a voulu faire *le plus saint des devoirs*, soit enfin jugé et apprécié en tout ce qu'il a de contraire au bien de la société. La religion a mieux connu l'homme. De préceptes positifs qu'elle nous propose résulte par analogie le devoir pour nous d'obéir à nos princes, alors même que leur joug serait difficile à supporter.

S'il pouvait y avoir des exceptions à cette règle, des nécessités qui contraignissent cette loi, elles se trouveraient dans la nature et n'auraient pas besoin d'être écrites. Faut-il rappeler expressément à l'homme ce dont il n'est que trop porté à se souvenir, à user ? Ne présumons jamais le mal, au moins lorsque nous sommes sûrs que le remède ne lui manquerait pas. Craignons bien plutôt l'application d'un droit, quel qu'il soit, qui sortirait des règles communes ; ne perdons pas de vue les suites de la révolte même après qu'elle aura été le plus chantée, le plus célébrée : ici les événemens nous seraient y à considérer les mi-

sères de la France , d'une trop cruelle justifi-
cation pour que nous voulions nous en prévaloir contre des adversaires enveloppés dans de
communs malheurs. Cette réflexion s'adresse
à leur conscience , en qui il convient d'espérer
après tant de déceptions qu'ils ont éprouvées
et qu'ils confessent.

On trouve facilement au bout de sa plume,
quand on la trempe dans le fiel de la haine, ces
mots si fastidieusement répetés de roi parjure,
de Bourbons sacriléges , et mille autres termes
injurieux par lesquels on en impose à une mul-
titude ignorante et crédule. Mais ce qu'on se
garde bien de discuter, ce qu'il serait cependant plus urgent que jamais de mettre en question , c'est ce droit inhérent , nous ne disons
pas seulement à la qualité de roi de France ,
mais encore à l'essence de toute autorité établie, le droit de conserver le corps social
par telle voie que ce puisse être , qui ne soit
pas contraire à la pure justice. On ne peut ad-
mettre pour les peuples un principe analogue,
en cas d'oppression intolérable , sans reconnaître à leurs chefs, quels qu'ils soient, en des
circonstances de péril extrême pour l'état, une
semblable faculté.

D'où tirer une règle pour de tels devoirs ,
si ce n'est du sentiment intime que chacun porte
en soi du juste et de l'injuste , en un mot, de
la conscience? Au dessus de cette lumière et
puissance de nos âmes , il n'y a plus que l'autorité divine. C'est donc ce grand nom de Dieu

qui intervient comme solution nécessaire et suprême de la question quand on en sonde la pro-
fondeur.

Voilà pourquoi, voulant compléter l'idée
qu'il convient de se faire de la France, nous
avons dû nous élever à un ordre de vérités
qu'on s'est trop accoutumé à séparer de la politique. C'est ce qui la rend souvent si peu ap-
plicable aux irréformables conditions de l'humanité. La religion les remplit plus sûrement,
et les lois qui découlent de ses enseignemens
sacrés sont mieux *accommodées à notre cœur.*

Mais d'ordinaire dans le succès et la prospérité on méconnaît sa voix et l'on repousse son
image. Il faudra qu'on ait passé par le *fourneau
de l'humiliation*, après des espérances déçues
et des illusions dissipées, pour devenir dociles
à une raison *réparatrice.*

Coup d'œil gé-
néral sur cer-
taines circonstances
présentes et sur
la situation des
esprits.

Ces fortes leçons de l'adversité ne devaient
pas nous être épargnées, en ces jours de crise
où se dessine et se marque en traits si frappans
le moment d'une des grandes époques de la
société.

Il n'a pas suffi aux conseils d'une Providence
sévère que notre commerce et notre industrie
fussent frappés de langueur par suite d'un dé-
faut de confiance en la chose publique qui se fait
sentir partout. Ce ne devait pas être assez dans
la mesure des avertissemens d'en haut à notre
égard, qu'une misère réellement effrayante
s'ensuivît pour nos populations en bien des lieux.
Il a fallu encore qu'à la somme déjà si acca-

blante de maux auxquels l'imagination était
au moins habituée, se joignît l'invasion d'un
fléau inoui et indéfinissable. L'épidémie qui a
pesé sur notre capitale y a laissé des traces de
son passage meurtrier plus marquées que sur
aucun autre point analogue en Europe. Aujour-
d'hui il en reste une plaie profonde au sein de
la France, sujet positif de désolation pour beaucoup de nos communes, cause d'effroi non
moins réel pour toutes.

En des circonstances aussi graves, le zèle de
toutes personnes préposées parmi nous d'état
et d'office à la garde et conservation de l'humanité ne s'est pas démenti, n'est point demeuré
au dessous de la dignité de notre caractère
national.

La religion a prêté, comme cela devait être,
son secours à l'administration, son exemple
à la philanthropie. Ses prêtres et ses jeunes
lévites se sont transformés, quand il l'a fallu,
en agens propices de soulagement pour les
maux du corps de même qu'ils l'ont été
et le sont en tout temps pour ceux de l'âme.
Toute fille consacrée à Dieu a été ou voulu
être *fille de la charité*, ainsi que S. Vincent
de Paul entendait qu'on appelât celles qu'il
avait instituées, et que nous nommons *sœurs* :
elles le sont bien sensiblement pour nous
quand nous sommes pauvres aux jours de nos
maladies.

A ces ministres ordinaires et accoutumés
d'une vertu touchante s'étaient joints, en

auxiliaires, de jeunes courages, paraissant comme volontaires en ces momens de péril sur le champ d'une mort sans lauriers, comme ils l'eussent fait sans doute à la voix de la patrie sur celui de la guerre.

Quel pouvait être le sentiment qui les animait et les dévouait si généreusement à la cause de l'humanité défaillante? Le même assurément que celui qui conduisait jadis un saint Louis, ce père auguste de tous nos Bourbons, dans les hôpitaux de sa capitale pour y donner régulièrement le spectacle d'une active commisération envers les moindres de ses sujets souffrans ; le même enfin qui inspira à nos ancêtres la pensée de tant de fondations et de monumens pieux subsistant en toutes nos villes pour les besoins divers de ces *pauvres que nous devons toujours avoir avec nous.*

Dieu ne permet des épreuves du genre de celle par laquelle nous passons que pour que l'on apprenne à connaître le fort et le faible de l'humanité, qu'on se défie des secours de l'homme et qu'on se confie en celui que sa grâce et sa miséricorde peuvent souvent seules envoyer. Combien de malheureux en ces temps d'effroi, délaissés de leurs proches, n'auront été visités que par la charité chrétienne qu'ils avaient peut-être en santé méconnue et outragée ?

Et l'on aura voulu ôter du milieu de nos places, soustraire aux yeux du public ce signe sacré de notre rédemption, ce serpent d'airain de la nouvelle loi que la foi des générations précédentes avait dressé en tous lieux , afin que l'homme blessé des traits de la vengeance céleste le regardât et fût guéri. Quel plus funeste aveuglement que celui qui tend à dénaturer une nation chrétienne ; à éteindre en elle tout sentiment de foi , toute idée du nom de son Créateur ? L'homme ainsi livré à sa faible raison demeure sans règle , sans lumière , sans soutien entre des plaisirs faux qui l'enivrent et l'empoisonnent , et des maux trop véritables qui le presseront tôt ou tard , et le réduiront peut-être au désespoir.

Certes ce n'eût pas été sous une loi athée , avec un peuple brisant ses croix , profanant ses églises , détruisant la demeure de ses évêques , que la France se fût élevée au point d'unité sociale , de force et de dignité où la trouva la révolution dont nous éprouvons les conséquences.

Quoi qu'on en veuille penser , l'épreuve est accomplie ; le pacte d'un peuple avec son roi , d'un royaume de la terre avec celui du ciel a été rompu. Le nom de Dieu a disparu de la formule de l'autorité. Celui d'une sainte long-temps chère à la capitale ne se lit plus sur ce chef-d'œuvre d'architecture qui avait été glorieusement édifié du fruit des longs efforts d'un ordre religieux et des dons de plusieurs de nos rois. Paris aurait-il oublié sa patronne, cette vierge dont la mémoire se rattache à celle de la monarchie naissante , cette vierge qui put prédire aux habitans alarmés de sa cité qu'ils seraient préservés d'Attila le fléau de Dieu de ces temps ; cette vierge qui avait inspiré à Clovis la pensée de bâtir en l'honneur des saints apôtres l'église en laquelle elle devait être inhumée elle-même.

Et c'est un lieu consacré par de tels souvenirs qu'on arracherait à la religion, qu'on prétendrait sacrifier à de profanes et froides commémorations !

Mais non, la conscience publique réclame. On veut pour les cendres d'humbles mortels un lieu de paix moins fastueux, plus rapproché du tombeau de ses pères. On ne veut pas pour des chrétiens de ces vains honneurs païens qui ne peuvent rien pour les morts et attristent l'âme des vivans. Nos cœurs sont bien plus faits pour le culte d'une sainte patronne qui puisse prier pour nous au jour de nos calamités que pour celui de ces modernes grands hommes dont on ne peut convenir ; auxquels chacun pour tout bien souhaite au fond de l'âme que Dieu fasse paix et miséricorde.

La vérité reprendrait-elle par sa propre force son empire sur nos consciences ? La nature rétablirait-elle sur nous par les mœurs le règne de l'ordre et de la justice qu'une politique faible et abusée tend malgré elle à détruire par ses lois ?

Mais le mal a son cours, sans obstacle et sans digue. On empoisonne pour le peuple

toute source de doctrine ; on lui rend sus-
pects les enseignemens de ses pasteurs. En
même temps on sème à profusion sur les places
publiques , on insinue par la voie du chant,
à l'aide d'un impudent charlatanisme , mille
maximes révolutionnaires , mille fausses opinions que les gens de bien ne peuvent combattre par des moyens pareils. Ils gémissent,
ils avertissent, ils instruisent; mais ils comptent
peu sur leurs efforts. Ils espèrent peu en leur
propre efficacité pour opérer le changement
qu'ils désirent dans des volontés et des cœurs
endurcis.

Sainte religion de la France, coutumes et
lois anciennes de la patrie , nom sacré du roi,
franchises et libertés d'une nation fière autant
que douce , qui pourra nous apprendre à vous
connaître telles que vous goûtèrent nos pères ,
à vous regretter , à vous désirer profondément,
universellement? Qui ôtera de nos esprits ce fol
amour de nouveauté par lequel nous devenons
de plus en plus inquiets , agités en nous-mêmes
et inutiles à l'Europe? Mais un mur de dis-
corde sépare la France en deux camps ennemis.
L'aigreur et le ressentiment sont au fond de
bien des cœurs. L'ignorance , l'oubli des vérités les plus simples, des devoirs les plus
certains, tel est le fruit d'une longue révolution, qui a commencé par enseigner à une génération à méconnaître l'autorité de toutes celles
qui l'avaient précédée. Le père n'est plus écouté
du fils. La porte la plus large est ouverte à toute

vaine curiosité de l'esprit de l'homme, à toute son audace. Faudra-t-il donc que nous n'ayons à espérer qu'en l'excès du mal? Faut-il qu'on ait aussi long-temps fait en vain un appel à notre raison, à cette lumière de notre conscience qui ne nous permettrait pas d'imputer à d'autres qu'à nous notre propre perte?

Point capital à saisir comme moyen d'ordre. Il n'y aura pas d'exception pour nous ni de dérogation aux lois générales qui règlent l'ordre et le mouvement moral du monde. Notre salut est attaché à l'observation de cette maxime d'autorité divine qu'on nous répète de diverses parts, sous tant de formes, *qu'il ne faut point transgresser les bornes antiques posées par ses pères.*

Nous aussi nous avons dû, à l'exemple des maîtres habiles en la science publique, chercher à prouver cette vérité qui consacre l'inviolabilité des lois naturelles et propres à chaque peuple. En elle se trouve la plus sûre garantie de la paix et de la fortune d'un État. C'est une leçon d'un usage général et d'une application facile au commun des intelligences. Elle les saisit immanquablement par son rapport intime avec le fond et la nature de nos cœurs. Nous devons donc la regarder déjà comme une sorte de résumé des déductions de principes sur lesquelles nous avons dû plus ou moins nous étendre.

S'il nous fallait pour une telle maxime une preuve de plus, nous n'irions pas la chercher loin.

Regardez, dirions-nous à nos concitoyens, voyez parmi vous ces étrangers à la démarche guerrière, à l'air modeste à la fois et fier, ces braves Polonais qui vous sont si chers : vous les avez accueillis avec empressement; vous les regardez comme de généreux martyrs de la plus sainte cause, et vous avez raison. Vous connaissez leurs héroïques efforts, leurs sanglans combats contre le peuple moins noble qu'eux qui asservit leur patrie. Vous connaissez leurs derniers malheurs, leur fatale déchéance du rang de nation libre. Mais ce que vous ignorez peut-être, c'est l'origine, la cause première de cette dégradation d'un des peuples les plus vaillans de l'Europe, d'un de ceux qui avaient le plus mérité de la société par de longs combats contre les Turcs et les Tartares, ces antiques et naturels ennemis de notre civilisation. Apprenez-le donc enfin pour que toutes les leçons de l'histoire ne soient pas, s'il est possible, perdues pour vous.

Cette nation que vous savez être aujourd'hui dispersée parmi les autres, et captive sous le joug de peuples qui ne la valent pas, fut long-temps forte, victorieuse et florissante sous le sceptre paternel de deux dynasties révérées de rois. Quelque fière qu'elle fût, quelque sentiment qu'elle eût de ses libertés, elle laissait sur le trône de l'Etat le fils succéder sans obstacle au père. Elle n'usait pas en réalité, du droit d'élection dont elle parut jalouse parfois de se réserver une ombre. Son histoire fait foi de ce que nous avançons, et les preuves en surabonderaient si nous le voulions.

Mais lorsqu'elle eut commencé à s'écarter de la tradition des exemples de ses ancêtres, qu'elle eut laissé dégénérer en licence cet amour d'une liberté sage qui était inné avec elle, alors l'autorité du roi tomba de plus en plus parmi ses peuples. Bientôt elle ne fut plus qu'un vain titre. Alors il parut plus doux à l'orgueil du téméraire Polonais d'avoir à chaque génération un roi de son choix que de le recevoir, de l'adopter tout naturellement tel qu'un ordre approuvé de succession le lui donnait autrefois. Alors, en vertu du *liberum veto*, chacun dans les diètes put se croire le droit de mettre sa volonté au-dessus de celle de tous les autres ensemble. Le règne de la justice cessa; celui de l'intrigue, des factions et finalement de la force commença.

La Pologne, avec des formes de gouvernement toutes dissemblables à celles des autres peuples, parut être comme hors du droit commun. Elle n'eut plus de race, de famille royale qui la protégeât auprès des rois de l'Europe. Elle ne fut plus bientôt qu'une proie à partager entre des peuples voisins aux dépens desquels elle s'était jadis si glorieusement et si largement étendue.

La Pologne long-temps avant sa chute n'existait déjà plus que de nom. Le sort n'attendait qu'une occasion pour déclarer et consommer sa ruine.

Chez elle, comme bien ailleurs, l'esprit de

secte, de partage dans la religion devait précéder et entraîner celui de faction et de division pour l'État.

La Pologne recelait en son sein ce qu'on y appelait des dissidens, c'est à dire des sectaires plus ou moins respectivement nombreux de communions opposées à l'ancienne religion de la nation. Dans les agitations et les mécontentemens qui naquirent, entre les citoyens, de cette diversité de croyance, chaque communion dissidente chercha un appui funeste auprès du peuple, parmi ses voisins, qui était en rapport de foi avec lui. L'ambition du Russe, si longtemps humilié par le Polonais, ne devait pas laisser échapper une telle occasion de se venger et de se récupérer.

La haine du catholicisme, si vive alors dans les cœurs de l'Allemand protestant, du Suédois, du Danois, de l'Anglais, aveugla les rois et les peuples sur le danger que courait l'indépendance de la Pologne et, par contre-coup, l'intégrité des droits de la grande famille chrétienne.

Les divers actes de la première tragédie du sacrifice d'un peuple entier qui dut se jouer dans l'Europe moderne sont connus et n'ont pas besoin d'être retracés. Nous n'avons dû en toucher que la cause première. Nous observerons toutefois qu'il importe, pour être juste, de bien discerner la part que chacune des puissances co-partageantes prit à l'accomplissement d'un tel acte d'iniquité.

Ce fut la Russie qui agit en tête et comme principe déterminant du mouvement d'occupation et de démembrement. La sagesse de Frédéric II, la piété de Marie-Thérèse répugnaient également à cette œuvre inouïe que l'un envisageait comme imprudente et l'autre comme injuste. Mais la Pologne périssait ; elle tombait minée par les machinations odieuses de la Russie. Il ne parut pas à propos de laisser cette puissance redoutable recueillir à elle seule le fruit de tant d'intrigues secrètes qu'elle se montrait résolue d'appuyer effrontément d'une violence manifeste.

De ce court récit que nous traçons des causes de la perte de la Pologne ressort sans commentaire et sans interprétations une leçon suffisante pour qui voudra la recueillir. Il restera clair et démontré pour tous ceux qui liront et étudieront sincèrement l'histoire de ce peuple digne d'un meilleur sort, que ses maux ont commencé avec l'altération qu'il consentit du principe monarchique, avec sa déviation de la voie de ses pères.

Il devait être réservé à cette noble nation de nous donner encore, mais d'une manière, pour cette fois louable et exemplaire, des leçons dont il est bien à souhaiter que nous ne perdions pas le fruit. La Providence qui a amené parmi nous les restes glorieux d'Ostrolenka, de Grochow et de tant d'autres combats mémorables soutenus par les Polonais contre les Russes, nous a mis à même de juger par nos propres yeux du principe de leur force et vertu patriotiques.

Ces guerriers sont religieux ; ils s'inclinent devant nos croix ; ils assistent humblement à la célébration de nos saints mystères ; ils rendent *grâces* à Dieu du pain qu'il leur accorde dans leur exil et leur misère ; beaucoup portent sur leurs poitrines, avec les cicatrices du feu de l'ennemi, le signe et les couleurs d'une tendre dévotion pour la mère de Dieu.

On a pu abroger leurs lois nationales, leur ôter une patrie ; mais on n'a pu leur ôter leur foi, cette foi pour l'honneur et la défense de laquelle leurs ancêtres ont versé tant de sang contre les sectateurs terribles alors de l'islamisme envahissant. Le Russe, à qui il a été loisible de prévaloir par le nombre sur le Polonais abandonné, a bien su quelle barrière la religion catholique mettait entre lui et le peuple qu'il voulait subjuguer. Il l'a levée autant qu'il a pu par la violence et la corruption la plus honteuse à l'égard des provinces du rit grec de cette ancienne monarchie, qu'il a incorporées les premières à son vaste empire. Mais il a assez respecté le caractère du vieux et vrai Polonais pour ne pas tenter de l'affaiblir et de le dégrader sur le point de sa foi.

Il est donc resté catholique de cœur comme de nom ce digne héritier du sang des Zamoysky, des Czarnizky, des Sobiesky. Il est catholique vis-à-vis le Russe, qui a le malheur de ne plus l'être. Dans la religion de ses pères il voit le présage le plus sûr, le lien le plus ferme de sa nationalité à reconquérir. Il lui semble qu'il sera toujours Polonais tant qu'il saura invoquer la patronne de son pays, sa Vierge de Czenstochaw.

Nous aussi n'avions-nous pas notre Vierge aux miracles ? Et en quels temps fut-il plus à propos de nous en souvenir ? N'avions-nous pas aussi une patronne pour la France ? Ne sommes-nous pas même entre tous les peuples chrétiens le premier qui en ayons fait la Dame de notre foi, Notre-Dame. Son secours manqua-t-il jamais à nos ancêtres ? Nous en avons pour monumens certains ces noms divers que nous lui donnons encore, noms qui attestent qu'elle fut tour à tour, quand nous eûmes besoin de son intercession puissante, Notre-Dame de Consolation ; Notre-Dame de Bon-Secours , Notre-Dame des Victoires.

Mais rapprochons-nous d'une manière plus directe, ce semble au moins, du but auquel nous tendons et qu'il tarde à notre faible plume d'atteindre.

Instruction à en déduire pour la France.

Que la Pologne, encore une fois , nous soit, puisqu'il le faut, un triste exemple de la manière dont on perd les états ; mais qu'elle nous en soit un plus heureux de celle dont on peut espérer de les relever un jour.

Si la Pologne a péri par l'esprit de désobéissance, par l'abus qu'elle a fait de sa liberté , elle a au moins conservé un gage de son établissement futur dans cet esprit de foi qui rend l'homme propre à tous les dévouemens, qui le prépare et l'instruit à tous les sacrifices.

Oui, elle renaîtra un jour ; qui n'est pas, nous l'espérons, éloigné, à une vraie et durable liberté, cette noble terre des Sarmates, cette reine auguste des Slaves. La France a une grande faute à réparer envers elle. La France eût dû jadis empêcher la chute d'un état qui, aux jours de ses premiers malheurs, implorait son secours. Elle ne l'a pas fait ; elle doit aujourd'hui ne pas désespérer de ramener libres dans leur patrie, au temps marqué d'en haut pour leur retour, tant d'exilés qui accourent parmi nous comme parmi des frères compatissans.

La France doit à la société de ne pas permettre qu'un des membres quel qu'il soit de la république européenne et chrétienne soit dégradé de ses droits nationaux et réduit au rang de sujet, sous un autre qui prétendrait dépasser ses limites. Béni sera du ciel et des hommes celui d'entre les Français qui se rencontrera pour une telle mission.

Mais auparavant il nous faut renaître nous-mêmes à l'ordre ; il est aussi une servitude dont nous devons commencer par nous affranchir ; c'est celle des préjugés révolutionnaires sous le joug desquels nous ne pouvons rien de grand ni pour nous ni pour les autres. Nous sommes évidemment dans un état d'agitation et de fièvre morale qui n'est que trop analogue au mal physique qui nous dévore. Notre nullité politique n'échappe à personne ; et Dieu seul sait quand et par qui nous en sortirons.

Où trouver le moyen de réparer un tel désordre? Il est assurément aux yeux de toute conscience éclairée dans un sincère retour aux doctrines par lesquelles nos pères évitèrent sans effort les maux qui nous assiégent et nous tiennent captifs. En quoi, dit le Psalmiste, *un homme, un peuple trop plein de lui-même, trop jeune, corrige-t-il sa voie? En revenant aux enseignemens de la vérité* qu'il auraiteu le malheur d'oublier.

Aimer sa patrie, suivre inviolablement les lois de ses ancêtres, *tenir pour la première de toutes un roi, un chef à droit fixe et héréditaire*, être disposé de conviction et de cœur à acheter par tous sacrifices qu'il appartiendra l'honneur de son pays entre tous les autres, tels seront les sentimens du Français qui se connaîtra et ne voudra pas déchoir du rang qu'il occupe au titre de son nom. Ce rang dont il est fier, une téméraire licence le lui ferait perdre, après l'avoir livré, comme il ne l'éprouve que trop, en son intérieur, à d'interminables divisions; elle le laisserait sans alliances, sans direction, sans point d'appui, au milieu des peuples, embarras effrayant et cause de troubles pour l'Europe, où il devrait être un lien d'ordre, d'amitié et de paix. Car c'est là le droit de la société sur nous, en retour des avantages qu'elle reconnaît et couronne en la France.

A des doctrines de foi, d'amour, d'obéissance, comme celles que nous avons professées, il fallait un symbole, un signe, qui ne pouvait être que celui de la loi du christianisme. Aussi n'avons-nous pas hésité à faire entrevoir ce principe dès le commencement, à en développer de plus en plus la vérité en son rapport avec nos lois politiques. Plus on le méditera sous ce point de vue trop oublié, plus on sentira que celui-là était vraiment *roi* et législateur des nations qui leur apprenait par son exemple *à obéir, et à obéir jusqu'à la mort.*

La société ne peut demander davantage, et son triomphe serait de l'obtenir de la volonté et du cœur de ceux auxquels elle s'adresse. Or où trouvera-t-elle ailleurs que dans la croix du Christ l'exemple, le précepte et la grâce qui attire ?

Celui qui dispose toutes choses pour la conservation de l'ordre moral du monde qu'il a fondé a voulu que nous fussions plus que jamais avertis d'arrêter nos esprits sur une telle considération. Comment interpréter autrement que par une démonstration surnaturelle de la vérité de la croix ce signe inexplicable à notre raison, qui se déploya naguère sur une obscure église de France en traits lumineux pour la foi ?

Un semblable prodige, on le sait, avait eu lieu jadis aux yeux de Constantin, dont il décida la conversion au culte du vrai Dieu. Dociles aux leçons d'une Providence qui ne fait rien d'inutile, n'en perdons pas la pensée, et n'hésitons pas à entrer dans le secret des conseils d'en-haut, alors qu'il pourrait se manifester.

Aux jours de Constantin l'empire romain, qui constituait la partie forte du monde, était menacé de diverses parts d'une inondation de barbares, contre laquelle tout l'art de la guerre dut être d'un impuissant secours. L'ordre social qui allait être bouleversé et confondu en toutes ses distinctions de territoires, de langues, de mœurs et de lois, ne trouva son salut que dans le signe de celui devant lequel il n'y eut jamais *ni Juif, ni Gentil, ni Romain, ni Barbare.* Par l'intervention de la religion, qui prit en main la tutelle de la société, la destruction de l'empire romain ne fut, à proprement parler, qu'une transformation de l'état politique de ce vaste corps, lequel a toujours sous un rapport plus doux son siége secret dans la ville éternelle. A une république d'états libres respectivement, un simple lien de médiation devait désormais suffire. A des frères égaux en droits l'un vis-à-vis de l'autre, un père, un chef sans armes, sans foudres de guerre, convenait mieux qu'un empereur avec ses faisceaux et ses haches.

Mais qu'on y fasse attention, car nous n'entendons pas présenter de vaines métaphores; une inondation morale de barbares d'un nouveau genre menace le monde politique. Que nous restera-t-il bientôt de nos croyances, de nos mœurs, de nos lois anciennes, que dis-je, même de nos plus beaux arts? Le danger présent de la société est senti de tout le monde. Il suffit de donner lieu d'y songer.

Avant que la tempête qui gronde sur nous ait pu éclater et nous envelopper peut-être sans retour de sa nuit funeste, réfugions-nous dans ces doctrines de régénération et de paix qui sauvèrent jadis l'Europe et préludèrent au rétablissement pour elle d'une civilisation plus parfaite. Dans l'état d'anarchie morale où nous sommes, il n'y a de ralliement et d'accord possibles pour les partis que sous l'étendard de la croix.

Mais agrandissons nos pensées ; sortons du cercle étroit où nous enferment l'égoïsme politique et partant l'ignorance et la déception de tant d'esprits faux auxquels il semble que la France soit abandonnée. C'est surtout dans nos rapports généraux avec les nations qu'il nous importe de ne pas perdre de vue la chaîne des traditions antiques et la lumière à tirer dans notre marche au-dehors comme au-dedans du flambeau de la religion.

De la destination de la France vis-à-vis les peuples.

Tous tant que nous sommes de peuples chrétiens, nous ne faisons qu'un dans les desseins de Dieu contre tout ce qui reste sur la terre de paganisme à vaincre, de conquêtes à achever pour l'Evangile et la civilisation qui en naît. C'est là que se trouve pour notre moderne république, que nous nommerions justement romaine, la noble matière de triomphes à chercher sur de nouveaux barbares.

Dans l'ordre intime et particulier que nous formons, des rapports délicats de bien des genres avaient déterminé entre les peuples, respectivement, certaines unions de l'un avec l'autre, en opposition sur d'autres points avec des différences d'intérêts inconciliables. La sanc-

tion ensuite de traités solennels (1) était inter-
venue pour consacrer en ces cas le vœu et
déjà l'œuvre secret de la nature. Hors de la voie
qui fut de cette sorte tracée pour chaque nation l'une par rapport à l'autre dans le système
de l'Europe, il n'y a pour le tout qu'incertitude,
erreur et confusion. L'état colossal qui aura
pu déjà violer sur un point le pacte de l'union
générale et primitive continuera de le menacer
sur tous. Sa force envahissante croîtra de nos
discordes. Les bases véritables de notre ordre
de société seront de plus en plus dérangées.
Qui sait jusqu'à quel point l'ennemi naturel et
nécessaire aujourd'hui de la paix et de la liberté commune ne trouverait pas un appui
contre nous en particulier dans une monarchie
qui, de son essence actuelle, en sa fin et destination certaine, est avec la France la puissance
consulaire et modératrice de la république
chrétienne. Ainsi le comportait l'esprit d'un des
derniers grands traités de notre ancien régime,
d'un traité qui éteignait en principe de longues
haines, terminait une rivalité désormais sans
objet, et mettait par le fait la force du côté de
la religion catholique vis-à-vis les autres, du
côté de notre nouvel occident vis-à-vis tout empire d'Orient qui se relèverait de quelque point
qu'il partît.

Mais l'esprit révolutionnaire qui déchire
notre patrie en son sein ne l'aura pas moins

----

(1) Traité de Vienne, 1755. Pacte de famille, 1761.

bouleversée en ses rapports extérieurs. Son effet trop probable malheureusement sera de nous mettre dans le cas de plus d'une contradiction sous des rapports capitaux avec nos plus vrais intérêts en haute politique.

Il est du devoir de tout homme raisonnable d'aimer et de chercher la vérité ; mais il n'est pas toujours donné de pouvoir à propos la dire tout entière. Si lorsqu'elle vient en son temps elle peut plus ou moins pour le bien des hommes, en cas contraire, elle n'aura pu rien que pour la satisfaction de la conscience du faible organe qu'elle aurait par hasard inspiré. Mais celui-là même qui nous avertit que *ce n'est pas à nous de connaître les momens* des choses, ne nous presse pas moins de dire *à temps et à contre-temps* tout ce qui nous paraîtrait propre, *selon nos timides et incertaines prévisions*, à faire naître en d'autres des pensées plus fécondes et plus fortes.

Il ne s'agit pas de trouver, mais de retrouver un système perdu parmi les préjugés du temps. L'homme dans cette question présente n'a rien à mettre du sien. C'est l'esprit révolutionnaire qui est en cause, cet esprit qui apprend aux peuples à se soulever contre leurs rois et à changer les lois de leur pays. C'est donc la révolution française en particulier qu'il faut attaquer et convaincre de folie non dans toutes les formes, mais dans tout le principe de ses œuvres. Pour cela, il n'y a qu'à nier, qu'à ôter, qu'à abattre. Notre constitution naturelle, dégagée de tout ce qu'on lui aura appliqué d'étranger et d'emprunté, reparaîtrait d'elle-même dans sa force et sa beauté premières. Notre constitution avait son essence dans ce que le cœur de l'homme a de bon. Pour le dépraver il a fallu susciter et mettre en loi ce qu'il a de mauvais. Qu'est-ce que l'œuvre de la révolution en substance, sinon l'œuvre écrite ?

Les faits ont répondu aux maximes qu'on avait professées. Il devrait demeurer aujourd'hui bien démontré pour tout homme de bon sens, qu'il est désormais impossible de gouverner les peuples avec des opinions qui ont servi en France et ailleurs à tout renverser sans pouvoir servir à rien fonder. Voilà bien quarante ans que nous bâtissons contre le ciel une nouvelle tour de Babel, dont l'effet le moins contestable est une effrayante confusion de langues en matière de doctrines. Nous avions sans doute déjà dit cela sous quelque autre figure. Mais quand on écrit pour être utile, on ne doit pas craindre de répéter ce qui serait propre à porter la lumière et la conviction dans l'esprit de ceux auxquels on s'adresse.

Si l'on devait nous demander qu'est-ce que nous entendons mettre à la place de ce que nous attaquons ; rien en substance, répondrions-nous, que ce qui était avant nous, que ce que nos pères ont cru et nous ont transmis à croire.

Voilà toute la mission de l'homme, de l'individu dans des mouvemens de la société du genre de ceux que nous éprouvons. Le reste, encore

une fois, est le secret de Dieu qui se choisit
et se suscite, quand il veut, tels instrumens
qu'il appartient de miséricorde ou de colère.
Pour nous, faibles mortels, nous avons tout dit
quand nous avons dit, selon notre conscience,
ce que nous savons de vrai. Nous avons tout fait
quand nous avons cru contre tout motif humain
de crédibilité, quand nous avons espéré contre
toute espérance en la force et l'efficacité de la
vérité.

Nous livrons donc au petit nombre de nos
concitoyens qui seraient tentés de lire l'écrit
éphémère d'un auteur sans nom ce qu'un sentiment au moins pur, une conviction profonde
nous aura dicté en ces jours critiques.

Quant à ces habiles et courageux vengeurs
des droits méconnus de la vraie et ancienne
France, à l'appel opportun desquels nous avons
dès l'abord conçu l'idée de répondre, ils trouveront, plus ou moins explicitement, en ce
que nous leur présentons, un témoignage de
notre adhésion au fond et au principe de leurs
doctrines. Il est certains points dont les esprits
ne pourront convenir, sans se mettre né-
cessairement et bientôt d'accord sur les bases
essentielles du système à déterminer pour
tous.

Comme les publicistes auxquels nous faisons
allusion, nous eussions assez présumé de la
droiture et de l'équité de tous ceux qui nous
gouvernent pour croire qu'on ne restreindrait
la liberté d'aucun écrivain dans la recherche,

la discussion et la proposition pacifiques de ce qui lui paraîtrait le meilleur en politique. Il est des nécessités que l'homme sensé doit toujours se préparer à subir. Or, c'en est une pour nous dans les circonstances de notre âge social et de nos périls actuels d'ouir et de recevoir ce qu'un temps passé n'aura pas dû, ce qu'un autre à venir peut-être ne devra pas comporter. Sur ce point comme sur d'autres que nous avons dû marquer c'est la conscience de l'homme qui l'éclaire et le guide en ses jugemens et ses rapports vis-à-vis ses semblables. Il n'y a d'interprétation sûre pour aucune loi qu'en la lumière d'un tel principe, surtout en certains momens de la durée d'un peuple.

Quand nous avons dû écrire, nous pour qui c'est un engagement passager et de circonstance, nous avons naturellement pensé à ceux qui ne sauraient, dans la simplicité de leur âme, que *craindre Dieu* et *honorer leur Roi* à la manière de leurs ancêtres; nous aimons à croire qu'il y aura eu dans les effusions trop faciles peut-être de notre zèle chrétien et patriotique une preuve au moins authentique de notre sympathie pour leurs croyances et leurs affections.

Qu'ils nous permettent de leur dire en finissant de ne jamais se défier des mouvemens d'un cœur pur, inclinant par sa propre pente vers l'antique vertu de la fidélité. C'est la voie la plus sûre, celle où l'on risque le moins de ne pas marcher droit.

Heureux les peuples qui ne l'ont jamais abandonnée, qui après avoir reçu le dépôt des traditions de leurs pères, interprètes pour eux du vœu de la nature, l'ont gardé intact ! Leurs devoirs leur sont faciles autant que doux.

Mais heureux encore ceux qui, ayant témérairement goûté par une inquiète et dangereuse curiosité, à la science du bien et du mal, sauraient au moins, dans l'âge avancé où ils seraient de la société, revenir par le raisonnement et l'effet de l'expérience aux principes immuables en eux-mêmes, éternels, dont ils auraient gémi d'avoir pu s'écarter.

FIN.